Para

com votos de paz.

Divaldo Franco
Pelo Espírito Eros

Paz Íntima

Salvador
5. ed. – 2019

©(1997) Centro Espírita Caminho da Redenção – Salvador, BA.
5. ed. (1ª reimpressão) – 2019
500 exemplares (milheiro: 14.000)

Revisão: Lívia Maria Costa Sousa
Editoração eletrônica: Ailton Bosco
Capa: Cláudio Urpia
Coordenação editorial: Lívia Maria Costa Sousa

Produção gráfica:
LIVRARIA ESPÍRITA ALVORADA EDITORA
Telefone: (71) 3409-8312/13 – Salvador, BA
Homepage: <www.mansaodocaminho.com.br>
E-mail: <leal@mansaodocaminho.com.br>

Dados Internacionais de Catalogação na Publicação (CIP)
(Catalogação na fonte)
Biblioteca Joanna de Ângelis

F825	FRANCO, Divaldo.
	Paz íntima. 5. ed. / Pelo Espírito Eros [psicografado por] Divaldo Pereira Franco. Salvador: LEAL, 2019.
	72 p.
	ISBN: 978-85-8266-198-7
	1. Psicografia 2. Paz 3. Mensagens poéticas 4. Autodescobrimento I. Franco, Divaldo II. Eros III. Título.
	CDD:133.93

DIREITOS RESERVADOS: todos os direitos de reprodução, cópia, comunicação ao público e exploração econômica desta obra estão reservados, única e exclusivamente, para o Centro Espírita Caminho da Redenção. Proibida a sua reprodução parcial ou total, por qualquer meio, sem expressa autorização, nos termos da Lei 9.610/98.

Impresso no Brasil
Presita en Brazilo

SUMÁRIO

Paz íntima 7

1. Entrar no bosque 11
2. Decisão salvadora 13
3. A primavera retornará 15
4. Conquista pelo amor 19
5. A vida: duas vidas 21
6. Parodiando São Francisco 23
7. Autocura 25
8. A lição do Mestre 27
9. Apelo de urgência 29
10. Zen: ensino e vida 33
11. Ambição 35
12. Prece de homenagem 37
13. Descoberta 41
14. O som profundo 43
15. Oração de graças 45
16. Senhor e escravo 47
17. Dívida de amor 49
18. O herói 51
19. Volta ao lar 53
20. O seu sorriso 55
21. Em nome da sinceridade.......................... 57
22. Silêncio 59
23. Herança 61
24. Qual uma velha canção 63
25. A última hora 67

Paz íntima

A busca da Unidade é o grande objetivo da Ciência, que hoje se alia à Filosofia e à Religião, superando as anteriores e fragmentárias apresentações do Universo, da vida e do ser.

Meister Ekhart, o grande místico alemão, em momento de angústia, na sua busca da verdade, bradou: "Rogo a Deus que me afaste de Deus". Enquanto isso, outro místico afirmou: "Deus é o círculo cujo centro está em toda parte e cuja circunferência não está em parte alguma".

Considerando-se que a criatura humana é Espírito, torna-se de primacial importância, nessa ansiosa busca da Unidade, propor-lhe o autodescobrimento, a autoiluminação, a fim de poder adquirir a paz íntima.

Sem esse esforço consciente, o indivíduo circula em torno das futilidades, disfarçadas de valores que não possuem, pelo fato de pertencerem ao transitório, ao material, ao ilusório.

Na luta pela aquisição da paz íntima, a autorrealização plenifica, a pouco e pouco, o candidato à realização espiritual, proporcionando-lhe a correta visão do mundo e um saudável comportamento no desempenho do compromisso reencarnacionista.

❖

Bem-aventurado aquele que se encontrou a si mesmo, fruindo de paz íntima.

Bem-aventurado aquele que ama, sem a expectativa de ser amado.

Bem-aventurado aquele que reparte a luz da esperança.

Bem-aventurado aquele que, sábio, esparze claridades para a consciência, e silencia as agressões e as ofensas.

Bem-aventurado aquele que vê as próprias imperfeições e, perdoando-se, insiste no trabalho de lapidá-las para ser livre.

Bem-aventurado aquele que, na fé, racional e pura, encontrou a Unidade, a si mesmo e ao seu próximo.

O encontro com Deus ocorre nas províncias do coração, de onde procedem as boas como as más inclinações.

Ao defrontá-lO e recebê-lO no imo, a paz se lhe enraíza, e frondeja a árvore da alegria perfeita, que um dia povoou a alma de Francisco, o cantor de Assis.

Este pequeno livro é uma proposta para o encontro da paz íntima.

Nada possui de original: nem fórmulas mágicas, nem soluções apressadas. É constituído de sugestões das experiências do Oriente e do Ocidente, banhadas pelas luzes fulgurantes do Espiritismo.

Agradecendo a Deus a oportunidade de laborar na inevitável busca da Unidade, compensamo-nos com a alegria do serviço, desejando ao caro leitor todo o êxito possível na sua trajetória de libertação.

Salvador, 26 de abril de 1995.

Eros

1

Entrar no bosque

Na periferia de um bosque exuberante, vivia um humilde lenhador que se contentava em vender galhos secos, troncos de árvores vencidas pelo tempo, sustentando-se e à família com o deficiente resultado desse esforço.

Certo dia orou a Deus, rogando ajuda, e o fez com todo empenho e unção.

Posteriormente, passou pela porta da choupana pobre, onde ele morava, um homem santo que lhe propôs, bondoso: – *Entra no bosque.*

Na manhã seguinte, curioso com a sugestão recebida, o lenhador adentrou-se no bosque, a princípio cautelosamente, depois com entusiasmo ante a beleza que defrontava, e encontrou uma deslumbrante reserva de árvores de mogno.

Fascinado com a madeira nobre, cortou alguns toros e, ajudado por vizinhos, vendeu-os, mudando de condição econômica.

Lentamente organizou uma serraria e passou a utilizar as árvores preciosas, enriquecendo-se.

Contava, então, quarenta anos.

Meditando em certa ocasião, recordou-se da proposta do sábio e adentrou-se mais no bosque, descobrindo uma mina de prata.

Tomado de felicidade incontida, registrou o achado, fazendo uso da jazida, sem abandonar a madeireira.

Aumentou os recursos e construiu uma fortuna.

Aos cinquenta anos, agradecendo a Deus, pareceu ouvir, na acústica da alma, outra vez: *Entra no bosque.*

Utilizando-se de veículo adequado, com auxiliares penetrou mais na floresta, deparando um veio aurífero, que passou a explorar.

Rico e famoso, desfrutando dos bens amoedados e das comodidades mundanas, aos setenta anos, enfrentava as exigências de muitos empresários e funcionários, de fiscais e outras pessoas diletantes. Refugiou-se no silêncio da meditação e voltou a ouvir a mesma orientação: *Entra no bosque.*

Dessa vez, porém, ele entrou nas paisagens de si mesmo – o bosque da existência – e encontrou a paz, nunca mais ambicionando nada.

2

DECISÃO SALVADORA

O mal-estar, lentamente, tomava conta do grupo de discípulos afeiçoados à Verdade.

A busca da sabedoria ensejava-lhes a elevação moral, ao lado das ações dignificadoras que lhes assinalavam a conduta. No entanto, entre eles, a presença de um fraudador gerava constrangimento.

Tudo se iniciara sub-repticiamente. Objetos de uso pessoal, quase insignificantes, desapareciam inesperadamente.

A pouco e pouco, porque a confiança permanecesse unindo os candidatos ao crescimento espiritual, os furtos aumentaram, até que uma e outra vítima identificaram o desonesto.

Após confabularem entre si, buscando a melhor solução para a ocorrência infeliz, resolveram apresentar o problema ao mestre, na primeira oportunidade.

Quando essa tornou-se propiciatória, recorreram ao sábio e expuseram:

— *Descobrimos entre nós aquele que enlameia o grupo, graças à conduta leviana, reprovável. Sabe o mestre que um, dentre nós, fez-se malfeitor e rouba-nos com frequência?*

Sem qualquer reação, o homem santo respondeu:

— *Há tempos acompanho o desequilíbrio do aprendiz e busco aconselhá-lo pelo exemplo e pela paciência.*

— *E pretende deixá-lo cometendo os erros? Não seria o caso de expulsá-lo?*

— *Acredito que o infrator necessita de novas chances para a reeducação, para a reparação.*

— *Assim sendo, não podemos continuar com ele.*

— *E fazeis bem* — redarguiu sereno, o educador. — *Sois saudáveis e podeis seguir na direção da sociedade, onde auxiliareis a Humanidade ...Mas ele, não. Se, ao meu lado, permanece infrator, sem mim tombará no abismo irremediavelmente. Comigo há esperança através da compaixão e da compreensão, a ninguém mais podendo contaminar, o que não ocorrerá em situação outra, se expulso...*

São os doentes que necessitam de medicação; os infratores que requisitam reeducação; os desonestos que requerem a terapia da dignidade.

Tolerar o errado não significa anuência com o seu erro, e silenciar ante o desvio de conduta não representa concordar com o desequilíbrio.

São atitudes educacionais difíceis, porém de salutar efeito para recuperar aqueles que são fracos de caráter e de comportamento.

3

A PRIMAVERA RETORNARÁ

Alarga-se a invernia tormentosa...
Após o verão calcinante.
Ficaram taladas as roseiras,
O Sol queimou-as
E a vida, periclitando,
Pareceu tombar nos ventos do outono...
As sombras se adensaram nos céus,
E, substituindo o azul do espaço,
O tom cinza eclipsou a luz.

Têm sido longos os seus dias sem Sol.
Como a terra fanada,
O seu coração perdeu a fonte dos sentimentos.
Cedendo à canícula das paixões inferiores,
O desespero tomou o lugar da confiança,
O desconforto predomina nos seus ideais,
A angústia assenhoreia-se da sua casa mental.

Chovem desaires em sua volta
E a lama das aflições se propõe a asfixiá-lo.
Tudo é noite. Sombras densas,
Rasgadas pelos relâmpagos ligeiros
Que os trovões aplaudem de longe,
Predominam.

Nenhuma voz que dê conforto,
Coração algum em solidariedade.
A tempestade, a quase todos ameaça.
Ninguém dispõe de tempo
Para socorrer,
Nem para viver,
A volúpia do medo a tudo converte em gozo,
Ele arde e passa com frustração...

A paisagem alterada pelas forças descontroladas
Assemelha-se às vidas estioladas
E aos corações doridos.
Quando, porém, o apogeu da loucura
Não mais predominar,
Modificar-se-á a Natureza,
Amainando a tormenta,
O cansaço se espraiará.
Haverá uma trégua na luta,
E, suavemente, docemente,
Raiará dia novo,
A primavera retornando.

As roseiras mortas explodirão
Em flores, perfumes e cores,
O chão gargalhará verdor,

Paz íntima

Os córregos cantarão poemas de ternura,
A brisa balbuciará carícia nas ramagens do arvoredo
E o azul volverá ao céu,
As mãos se entrelaçarão em emoções de amor,
Os sentimentos se confundirão
Em união de afeto.
As esperanças renovarão as alegrias,
As crianças sorrirão e brincarão,
Enquanto os adultos trabalharão.
Orando, os anciãos aguardarão a liberdade,
A dor cederá o passo à renovação
E Jesus Cristo, em triunfo
Repetirá a canção primaveril:
– Vinde a mim, todos vós,
Os que estais cansados
E aflitos,
Que chorais
E sofreis.
Eu sou a Vida,
A porta e a Vereda.
Vinde a mim,
Eu vos consolarei
E guiarei!

Sim! A primavera retornará.
Confie e aguarde,
Vencendo em calma
A grande noite
Que cederá lugar
Ao seu futuro dia de libertação.

4

Conquista pelo amor

As multidões sucediam-se em torno d'Ele, apresentando-Lhe as mesmas ansiosas aflições. Saciadas com o pão, o peixe e a luz, iam-se, sendo substituídas por outras mais ávidas que chegavam.

Sem cansaço ou fastio, a Sua presença era um traço de união entre os homens, que por sua vez se detestavam em contínuas contendas, infelizes.

Nos intervalos dos atendimentos coletivos, acercavam-se as pessoas e O interrogavam sem cessar.

As lições propostas não logravam penetrar-lhes as províncias da mente e do sentimento.

Cada uma queria um contato direto, especial.

A uma mulher que O questionara sobre o método de vencer o sofrimento, Ele propusera o amor.

A um homem que pretendia a glória, Ele sugeriu o amor.

A um guerreiro que planejava o triunfo, Ele conclamou ao amor.

A um caminhante solitário, que se queixava de abandono, Ele afirmou que o amor é a companhia mais vigorosa e enriquecedora que existe.

E porque todos desejassem a realização individual, a grandeza terrena de imediato, Ele estabeleceu que somente através do *amor a Deus sobre todas as coisas e ao próximo como a si mesmo* é que o ser atinge as cumeadas da evolução, em forma de vitória real.

Todavia, os interlocutores, que somente queriam ser amados, receber o elixir do amor, porém não estavam dispostos a doá-lo e doar-se, entristeceram-se e saíram a pensar...

5

A VIDA: DUAS VIDAS

A vida são duas vidas.
A sua vida interior é a responsável pelos reflexos no seu comportamento exterior.

O que você anele e cultive na mente se tornará impulso e necessidade que se manifestarão em busca intérmina.

Assim, tente abandonar o *ego*, porém sem pressão nem amargura, e sim mediante a reflexão em torno daquilo que lhe é realmente importante, pois que de imediato se apresentará na face exterior da sua vida como a harmonia desejada.

O equilíbrio do seu pensamento, fazendo-o tagarelar menos e meditar mais, facultar-lhe-á um bom trânsito entre a vida interior e a exterior.

Quando você conseguir vencer no íntimo as paixões dissolventes, externamente você irradiará bem-estar, porque todo aquele que conhece a verdade corrige os excessos, e não se preocupa com os resultados imediatos.

Aquele que apenas exibe a verdade, inquieto quão infeliz, fomenta e vive a balbúrdia, incapaz de beneficiar-se com a realidade.

A vida interior saudável vincula o homem ao Mundo transcendente; enquanto o exterior, com as suas sensações, liga-o ao mundo físico.

Viva interiormente na luz, e o exterior se manifestará em tranquilidade, sem qualquer tormento.

6

PARODIANDO SÃO FRANCISCO

O homem se deve preocupar quando:
esteja guindado às posições relevantes;
sob a bajulação dos frívolos;
diante dos êxitos embriagadores;
desfrutando de saúde e regalias;
usufruindo júbilos e planificando novas alegrias;
assessorado pelo gozo;
beneficiado pela fortuna;
cercado por apaniguados do triunfo;
sorvendo os capitosos vinhos da ilusão;
alimentando-se das iguarias seletas;
em repouso remunerado;
acarinhado por todos;
deslizando sobre os tapetes da fama;
regiamente amparado;
conhecido e comentado;
no topo da glória...

...Pois que muito será pedido àquele a quem muito foi dado.

A vida pede retribuição aos investimentos que realiza.

A tranquilidade e a alegria perfeita são resultados da luta sem quartel a que se entrega, em consciência, o homem que pensa.

Ela advém quando:

abraçando o ideal do bem, sofre;

buscando amparo, é desconsiderado;

necessitado de repouso, é expulso da enxerga em que se deita;

o próprio lar se converte em campo de batalha;

a enfermidade ronda e domina;

a solidão se torna o clima de toda hora;

a ingratidão se converte em supliciadora;

o Sol arde-lhe na pele;

o inverno cresta-lhe o entusiasmo;

e sentindo-se sem apoio nem amizade, pode cantar e bendizer.

A alegria perfeita é o poema de paz que o coração amoroso expressa quando, no mundo, tudo são desafios e sofrimentos, mas a certeza do Reino de Deus plenifica e liberta.

Assim responderia hoje São Francisco a frei Leão, atualizando o memorável diálogo na estrada poeirenta entre Assis e Santa Maria dos Anjos.

Oitocentos anos depois, certamente, se interrogado, dessa forma teria o Santo definido o que é a alegria perfeita.

7

AUTOCURA

O Mestre prudente explicou, e os discípulos compreenderam a extensão das Suas palavras oportunas.

"As doenças se originam nas fontes dos desejos perturbadores. A ilusão, golpeando os centros de energia da vida, através dos seus raios devastadores, abre campo à instalação de males incontáveis. Seguindo-lhe as linhas tortuosas, irrompem o egoísmo, a violência, as fugas espetaculares aos deveres relevantes e se multiplicam a avareza, o orgulho, o ciúme, a glutoneria, a concupiscência...

Sois vossos médicos e vossos enfermeiros.

Sois vossos causadores de enfermidades e vossos algozes.

Vossas mentes – vossas vidas; causas e efeitos imediatos.

Construís e derrubais os mecanismos de sustentação do vosso equilíbrio.

Enquanto vos não voltardes para dentro, fomentando a saúde, a doença se vos instalará, dominadora, atormentando-vos."

A breve dissertação penetrou nos corações como um punhal rasgando as carnes das responsabilidades gerais. E, ante a quietude da expectativa que os tomou, Ele prosseguiu com o poema da saúde.

"Curai vossas mazelas com a correção da conduta, abrindo-vos ao amor que vos inspira, que vos veste, de que sois constituídos.

O dínamo do amor gera energia vital incessante, à qual vos cumpre recorrer.

Acalmai as ansiedades; silenciai as altercações mentais; asserenai os desejos voluptuosos; meditai em torno da vida e sua finalidade, do equilíbrio e seu valor.

Deixai-vos irrigar pela corrente do Eterno Amor, que é saúde, e dizei: eu quero, eu posso, eu sou.

Não sois doentes; estais em desarmonia, e por isso se vos instalaram os problemas, se vos multiplicaram os inimigos orgânicos, debilitou-se-vos a estrutura molecular.

Por isso, curai-vos a vós mesmos, conscientemente e com segurança de fé.

O que quiserdes fazer, lograreis. Tentai e repeti a experiência até o êxito.

Vós sois luz!"

Calando-se, afastou-se da multidão, enquanto sucessivas ondas de vento, carreando o suave-doce perfume de lavanda, embalsamavam o ar.

8

A LIÇÃO DO MESTRE

Quando Sua figura imponente apareceu, uma emoção dulcíssima percorreu a multidão atenciosa.

Os olhos tranquilos, derramando claridade de luar, e a postura nobre, aureolada de suave luz, compunham o conjunto harmônico que Lhe dava a transcendência superior.

Abrindo a boca em resposta às mudas interrogações da massa, Ele elucidou:

"Não sois o que suportais. O vosso fardo de ansiedades e de dores não significa a vossa realidade. Na impermanência de todas as coisas e acontecimentos, sois vida da Vida e realidade da Realidade.

Nas passageiras demonstrações das ocorrências dolorosas, avançai na busca de vós próprios. O vento dos fenômenos sacode-vos, porém, causas que sois deles todos, basta-vos alterar o rumo dos passos e se modificarão as vossas expressões.

Olhai em derredor e constatareis que passais pelas águas do rio do tempo, e, enquanto ele permanece o mesmo no seu curso, diferente se vos apresenta o peregrinar.

Dizei: eu não sou isto, estes amargos efeitos, e erguei-vos para reencetar a marcha.

Quem deseja alcançar o meio-dia *viaja com o Sol do amanhecer e segue além."*

Silenciando por um momento, a fim de que o povo Lhe assimilasse a lição, ante a brisa branda que ciciava no arvoredo, Ele voltou a falar.

"Viajai para dentro do ser e examinai com as lentes da meditação os vossos sentimentos. Renascestes para o triunfo que vos aguarda. Não estanqueis o passo, demorando-vos no pódio das vitórias ilusórias.

"Vencedor é aquele que supera as más inclinações e doma as cruéis paixões.

Tudo vos chama para o mundo de enganos ledos. Buscai Deus, a certeza única de todas as certezas.

Quando vos tornardes cinzas remanescentes do corpo, então se evolareis em Espírito e recuperareis a vossa plenitude que ireis instalando desde já no imo.

Vós sois luz, oculta em vasilhame grosseiro, que necessita de purificação. Reflexionai, buscando o vosso fanal, e afirmai desde agora: Eu sou vitória, eu sou saúde, eu sou paz."

Ao silenciar, pairava sobre todos os ouvintes uma doce esperança de felicidade.

9

APELO DE URGÊNCIA

Irmão Francisco!
Acabo de fazer um giro pelo mundo
E sofri um golpe terrível e profundo,
Considerando o que vi.
A Natureza quase morta,
Afogada
E envenenada,
Lentamente transformada,
Em desolação.
Os céus azuis
E as tardes festivas de antes
Estão cobertos de torpe poluição.
As águas canoras dos rios e regatos
Perderam a transparência
E os peixes perecem em carência
De ar e de vida...
Os animais são dizimados

Sem piedade, trucidados
Pela avareza e pela ambição.
As aves silenciam
Em agonia,
Tombam no chão,
Sem ninho,
Sem apoio, sem carinho...

Os sentimentos humanos, tumultuados,
superam as emoções da beleza.
Na agressão à Natureza
Que estertora...
Já não há estesia
Como outrora,
Nos teus dias,
Nem amor, respeito ou suaves magias
De enternecimento.

O pior, porém, Irmão Francisco,
É a presença do ódio nos corações:
As guerras estúpidas, as agressões
Estiolando vidas aos milhões,
Raças inteiras condenadas,
Crianças e velhos vencidos,
Suas existências estraçalhadas.

Bombas atômicas armazenadas,
Armistícios se firmam ameaçados
De não se cumprirem.
São tréguas ligeiras
Que preparam novas guerras...

Paz íntima

Os campos estão juncados de cadáveres,
As valas insuficientes para sepultá-los,
Enquanto a fome, as doenças e a perversidade
Dominam os arraiais da Humanidade,
Que segue sem rumo, divorciada de Deus,
Com insanidade...

Oh! Irmão Francisco!
Volta, outra vez.
Ensina-nos a canção de amor
Novamente,
Dulcificando os corações suavemente.

Volve, Irmão Francisco!
O mundo te necessita.
O frio e o calor, da maldade e do ódio
Devem ceder à ternura,
Substituindo a amargura
Que predomina na criatura.

Traze o poema do Irmão Sol
E da Irmã Lua,
Dos Irmãos Animais,
Com a voz tua,
Para a plenificação dos seres.
Ainda há tempo.

Antes que noite vença o dia,
Volve Irmão-Alegria,
E canta conosco a tua linda canção:
semeando a paz, na guerra,
a bondade, no ódio,

a luz, na treva,
e a vida, na morte!

Irmão Francisco!
Volta outra vez
E canta, reverdecendo o mundo,
Com o teu amor profundo
Todo feito de paz.

Assim, aprenderemos em definitivo
A preservar a vida,
Sem abandonar o dever
Nunca mais esquecido.

10

Zen: ensino e vida

O mestre Quioqui, de Quioto, renunciou ao conforto do templo onde ensinava para fazer-se monge mendicante.

Despediu-se dos discípulos, que ficaram tristes, e desapareceu.

Anos mais tarde, foi encontrado por Naocai, que estudara com ele anteriormente.

Comovido, o discípulo suplicou-lhe que voltasse a ensinar-lhe o Zen.

O mestre meditou e propôs-lhe:

– *Se caminhares comigo por uma semana, e suportares, eu voltarei ao templo para ensinar.*

O candidato trocou de vestes e passou a acompanhar Quioqui.

Experimentou a intempérie, a fome, a poeira das estradas, o desconforto das aldeias e do campo, a enfermidade.
No quinto dia, encontrou-se triste e desanimado.
Conhecendo a psique humana a fundo, o mestre lhe disse:
— *Volta a Quioto. Vive as tuas ilusões e os teus estudos teóricos. Ainda não estás preparado para o Zen.*
Uma doutrina que expõe beleza e sabedoria, mas não penetra na conduta, nem modifica o aprendiz para ser melhor, forte e livre é somente uma ilusão, não uma forma de ser.

Guardadas as proporções, a mensagem de Jesus é igualmente uma diretriz para a conduta.

11

AMBIÇÃO

O mestre convidou o discípulo a uma convivência educativa.
Passado o período de treinamento inicial, o sábio apontou seixos e pedregulhos, tornando-os gemas preciosas, com o que presenteou o jovem.
Notando-o indiferente ao prêmio, indagou-lhe o que desejava.
O moço, ambicioso, respondeu:
– Gostaria de possuir o vosso dedo mágico.
O guru meditou em silêncio, após o que lhe redarguiu:
– De nada te valerá a extremidade, sem o dínamo gerador do poder. O dedo te seria inútil, faltando-te a mente disciplinada e vigorosa para a realização a que aspiras. E tal somente é logrado quando não se ambiciona nada mais.

12

Prece de homenagem

Irmão Francisco:
Saí do poço da angústia,
Ao qual me atirara,
 Ouvindo o canto da tua voz.
 Era uma balada de ternura,
 Iluminando a amargura,
 Espalhando a luz do sol.

Exangue e desventurada,
Escutei a canção encantada
Do teu infinito amor
Aos sofredores do caminho,
Aos pássaros dos céus,
Às árvores, aos animais,
 Como nunca sentira tal carinho.
 Exaltavas a Mãe, irmã terra,
 A verde gramínea do chão,

As irmãs cigarra e cotovia,
O solo crestado,
O calor e a agonia
Que atormentavam o coração.

Escutei-te, Irmão Francisco!
Liberto-me do abismo.
Ensina-me agora o amor como amaste,
A servir, como servias,
A igualar os homens como tu logravas,
A ser irmã de todos sem diferença.
A viver em alegria,
Comungando o pão da dor com a presença
De quem já encontrou Jesus.

Irmão Francisco,
Suave e enérgico amigo,
Companheiro do infeliz, do desvalido,
Eu te rogo pelos irmãos da pobreza,
Mas, igualmente, pelas vítimas da avareza,
Que são desgraçados também.

Irmão Francisco,
Doce missionário e santo,
Suplico-te pelo mundo em desencanto,
Recordando-me dos pobres das favelas,
Que nada têm.
Todavia, peço-te, também,
Pelos que, possuindo bens,
São pobres de paz,
Carentes de amor
E caminham pela degradação,

Paz íntima

Inspirando compaixão.
Exoro-te, por fim,
Amigo pequenino,
Pelos doentes do corpo,
Que carregam os males cruéis de
Hansen, de Parkinson, de Koch,
Os ulcerados pela Aids,
Bem como os de almas marcadas
Por doenças mais desoladoras.

Todos eles, nossos irmãos do calvário
Que teremos de subir,
Pés descalços, peitos nus,
Corações ralados e febris,
Abre-nos os teus braços,
Irmão Francisco de Assis,
E conduze-nos à libertadora cruz,
Qual fez contigo
O Amor não Amado,
Nosso Mestre Jesus.

13

Descoberta

Mestre! – exclamou o discípulo magoado. – *Tenho buscado a compreensão dos amigos, trabalhando com afinco, demonstrando esforço e interesse de crescimento íntimo. No entanto, em toda parte encontro ingratidão, desprezo e escarnecimento.*

– *E que fazes, quando isso sucede?* – inquiriu o Sábio.

– *Sofro e entrego-me à amargura...*

– *Que pretendias receber de volta por parte daqueles a quem te diriges?*

– *Anelo pelo amor, pelo carinho e compreensão, que nunca me chegam.*

Houve um silêncio largo, assinalado pela reflexão do Guia, após o que, em tom calmo de voz, acentuou:

– *Se desejas receber em troca o que brindas na mesma qualidade ou melhor, és imaturo e ambicioso negociante de emoções. Todavia, se pretendes alcançar a felicidade, amas apenas, sem esperar nada de volta, porque o amor é bênção, que mais enriquece aquele que mais o esparze e nunca se detém a recolher benefícios. Basta, portanto, somente amar para ser feliz, tranquilo, e encontrar Deus, que jaz no íntimo, aguardando ser descoberto.*

Tomado pela perplexidade, o aprendiz deixou-se dominar pela reflexão, descobrindo então a verdadeira razão da vida.

14

O som profundo

Niocai, da Era Kamacura, que ensinou ao imperador como encontrar a paz, dizia:
— *O silêncio de uma só mão, a bater palma, encerra o conjunto da sabedoria da vida. Quem puder explicar o ruído da mão única aplaudindo, superou o raciocínio e descobriu o profundo significado do ser e da existência.*

A um aluno, ele pediu lhe explicasse qual era o som que a mão produzia.

O jovem respondeu:
— *Não sei.*

Foi recusado como seu aprendiz.

Assim perguntou a vários, e todos redarguíram com muitas explicações ou com a ignorância.

O imperador, porém, que já era sábio mesmo jovem, compreendeu o *Koan*[1] e ficou mudo.

---
1. *Koan* – Parábola Zen de complexo entendimento (nota da autora espiritual).

– *Sim, tu* sabes *o som que a mão produz, quando aplaude sozinha.*

Tomou-o como discípulo e ensinou-o a meditar, a calar, a ser profundo; portanto, ajudou-o a ser sábio e iluminado.

15

ORAÇÃO DE GRAÇAS

Oh! Senhor,
Eu Te agradeço
Por ser como sou.
Com todas as possibilidades
Para tornar-me melhor.

Muito obrigada,
Pela Tua inspiração
Que não me falta,
E pelo Teu amor,
Que nunca me abandona.

Muito reconhecida sou,
Pelo que consegui
No processo de evolução,
Sobretudo pelo infinito
Que ainda me falta conquistar.

Muito obrigada,
Pelo trabalho renovador
De acender luz na escuridão,
De ciciar palavras de alento
Aos desanimados do mundo

De participar do banquete de luz
Da Natureza em festa,
E da oportunidade de amar.

Rendo-Te graças, Senhor,
Pela minha pequenez,
Que contempla a Tua grandeza
Chamando-me para a plenitude.

Por acreditar no amor,
Muito obrigada, Senhor!

16

SENHOR E ESCRAVO

Sem rebuços, ele falou:
— *Meu mestre! Aqui estão os meus bens e os meus haveres. Sou rei e possuo tesouros de valor inestimável. Coloco-os diante de ti, a fim de mudar-te a vida. Ponho-os em tuas mãos, e, à tua disposição, o poder, o conforto, a fortuna. Sou-te reconhecido pela claridade e sabedoria que depuseste nos meus olhos e na minha mente. Ofereço-te tudo quanto possuo, a fim de que compartas da minha glória, da minha riqueza.*

O sábio, porém, passeou os olhos em derredor, sem qualquer emoção, e agradeceu, gentilmente, a oferta.

O insensato voltou a insistir, na volúpia dos enganos em que se anestesiava, e tanto instou, que o mestre redarguiu:

— *Como podes pretender brindar-me com o que tens, supondo-me mendigo, tu que, há pouco, vieste mendigar-me luz e sabedoria?*

O doador, que realmente é possuidor, reparte sem paixão os tesouros que ninguém, senão ele, pode oferecer, e que são os mais importantes, porque únicos: a vida, o amor e a eternidade.

Tudo mais chega e passa, retorna e desaparece na roda das reencarnações, enquanto que o seu amor permanece dando vida e eternidade.

O possuidor-possuído, que se supunha rei, e era escravo da posse, meditou, compreendeu e retirou-se triste.

17

Dívida de amor

Ante o silêncio que se fez natural, o Guru concluiu as instruções que ministrava aos discípulos, asseverando:
— *Eu me irei por pouco tempo, a fim de retornar em breve. A precariedade do corpo impõe-me o dever da partida, de modo a retornar à matéria, logo mais, em roupagem nova. Quando vocês souberem que eu volvi, busquem-me, e eu os identificarei, um a um... Por enquanto é só.*

Uma tristeza profunda pairou nas faces dos seguidores fiéis.

Nos dias que se seguiram, o Swami enfermou, e tomou curso o deperecimento de suas forças físicas.

Velando-o com ternura, uma jovem devota vitalizava-lhe a matéria com a força mental do apego, afligindo-o e dificultando-lhe a libertação.

Sábio e gentil, o moribundo entregou-lhe uma importância em rupias de ouro, pedindo-lhe que fosse à cidade comprar-lhe algo, que afirmava ter necessidade.

Eros / Divaldo Franco

Ela se foi prestamente, e, sentindo-se aliviado da constrição mental que o retinha no casulo carnal, ele se desprendeu, seguindo livre.

Passaram-se mais de trinta anos.

✢

Desde há algum tempo, falava-se, em toda parte, sobre um santo que retomara a forma física e aguardava os antigos discípulos para os identificar e transmitir-lhes novas lições.

Afirmava-se que o mestre reencarnara e esparzia bênçãos por onde a sua luminosidade passava.

Quantos o buscavam e o conheceram antes, atestavam-lhe a legitimidade.

A outrora jovem devota, agora macróbia e amargurada, negava-se a visitá-lo, enciumada com as notícias, que ela dizia serem falsas.

Por fim, sentindo-se à morte, foi conhecer aquele que se afirmava a reencarnação de seu modelo.

Na festa do aniversário dele, embarafustou-se a cética pela multidão e acompanhou-lhe o discurso a distância.

Terminando a alocução, ele desceu à praça e, caminhando lentamente entre as pessoas, na massa humana compacta, acercou-se dela, que permaneceu imóvel, presa aos seus olhos negros e ternos.

Quando se aproximou bastante, sorriu-lhe e perguntou-lhe com gentileza:

– Gupta, onde está o troco das rupias de ouro que te dei antes de morrer, para me fazeres compras? Recordas-te?

Ela rendeu-se. Ele era, sim, a luz que voltava aos seus olhos quase apagados pela idade, a fim de que ela pudesse contemplar a imortalidade.

18

O HERÓI

Quem visse aquele estranho peregrino,
  Assinalado por acerbas dores,
  Face marcada pelas cicatrizes...
Andrajoso, porém de olhar tigrino,
Com passo incerto e muitos dissabores...

Por todos abandonado,
Sorvera o fel da descrença.
Expulso do lar paterno,
Dos amigos afastado,
Padeceu a desavença,
No seu meio maltratado.

Nenhum traço mais do conquistador
Mordaz, perverso, astuto, vaidoso,
Orgulho de toda uma geração
Que se perdeu. Batalhador
Bom, agora, do reino luminoso
A que entregara o próprio coração...

Cárcere, apodo, nenhuma
Flagelação dissipava
O entusiasmo, a certeza
Na vitória que ressuma
Da fé que o animava
A viver com robusteza.

Calvário acima, segue a sua luta,
Sua voz traz o brado de Jesus,
Implantando a Era Nova, rutilante.
Mensageiro de Deus, ímpar conduta,
É o apóstolo das gentes. Paulo em luz,
O herói do amor, do bem triunfante.

19

Volta ao lar

A juventude invigilante transformou-lhe a existência. Entregou-se a toda sorte de prazeres, buscando, na rebeldia, a plenitude.

Sempre insatisfeito, aderiu à filosofia dos "sem destino", passando a detestar a sociedade, na busca da autorrealização.

Cansado, porém, abandonou a cultura ocidental e foi experimentar a meditação no Oriente.

Dedicou-se à reflexão, sob as diretrizes do mestre, e aprendeu a penetrar-se interiormente.

Tudo quanto lhe parecia impossível tornou-se-lhe uma realidade comprovada.

Passou a experimentar a paz, autodescobriu-se e começou a ser feliz.

Quando tudo lhe sorria ventura, o mestre chamou-o e disse-lhe:

— *Agora que te realizaste, chegou o momento de partires.*
— *Para onde?* — indagou surpreso.

– *De volta ao lar.*

– *Sinto-me quase iluminado aqui. O retorno significaria o meu desequilíbrio.*

– *Quem encontrou a luz, jamais volve à treva. Desse modo, leva aos que dormem na ignorância a música do despertar da consciência, a fim de que eles, também, sejam felizes. E não temas. No serviço te plenificarás.*

Só então o discípulo entendeu que a plenitude começa quando, realizado, o ser passa a ajudar.

20

O SEU SORRISO

Sol que brilha no infinito do seu rosto, o seu sorriso é mensagem de alegria.

Lua que diminui a sombra do sofrimento, o seu sorriso é suave dossel de claridade prateada, afugentando a tristeza da sua face.

A sua resistência, que muitos comentam, é de Jesus, e eles não sabem.

A sua fé, que diversos notam, é reforçada pela meditação na dor, e os amigos desconhecem.

A sua dedicação, muito referida, é conquista feita na soledade e no sacrifício, e de que poucos companheiros se dão conta.

As suas lágrimas, que se tornam um córrego desconhecido a verter do coração, os que lhe estão ao lado ignoram.

Mantenha, desse modo, o seu sorriso, mesmo quando tudo conspirar contra ele, abrindo-o, na face, qual leque de bem-aventurança e paz, com o qual você levantará combalidos e sustentará fracos.

O seu sorriso é a demonstração de que você traz o Cristo no coração e todos hão de perceber...

Não o encerre nunca, nas mãos da amargura, deixando que, no seu rosto, o seu sorriso se transforme em uma estrela polar, apontando os rumos felizes para todas as vidas.

21

EM NOME DA SINCERIDADE

Sinceridade não é rudeza no trato,
Nem violência para esgrimir a verdade.
Não é sentimento policiador,
Nem desejo veemente de corrigir...
Em seu nome,
Descarregam-se desequilíbrios,
Mágoas e conflitos,
Esquecidos da gentileza
E da aflição.

Sinceridade
É companheirismo solidário,
Participação discreta,
Ajuda sem alarde,
Socorro despercebido
Para não deixar o amigo tombar,
Nem falir.

A sinceridade
É como a luz do luar,
Que balsamiza e aclara
Sem ofuscar.
Silencia ante as ofensas
E aguarda o momento de esclarecer.
Apoia, quando pode erguer,
E desce para servir sem se jactar.

Fruto da afeição sincera,
Nasce da flor da confiança irrestrita.
Possui sementes de esperança
Que se desdobram
Em bênção sem par.

Sinceridade
É alma do amor
Que se expande,
Cabendo em todo lugar.
Não cessa de servir,
Não para de ajudar.

Sê sincero como amigo,
Sê amigo qual irmão,
Amando sem cansaço,
Tomado de ternura,
Enriquecido de cooperação

Sinceridade!
Quantos desvarios
São cometidos em teu nome!

22

Silêncio

Faça um pouco de silêncio interior.
Escute as harmonias da Criação e voe no rumo das estrelas.

Abandone os ruídos perturbadores e penetre-se de quietude, asserenando ansiedades, aflições.

Deixe-se arrastar pelas vibrações de paz, silenciando a algazarra, o pandemônio interno.

Não lhe baste deixar de falar. Equilibre as ondas mentais e ouça a música da Natureza.

O silêncio é fonte geradora de energias saudáveis. Ele irriga o coração e fomenta a esperança, dulcifica os sentimentos atormentados, penetra as fibras íntimas da emoção.

Em silêncio não pense em nada, não fuja de nada.

Quieto, em sintonia com o Divino Pensamento, torne-se vibração de amor, a fim de suportar os ruídos que aturdem as criaturas, quando retorne aos labores comuns.

Nada lhe perturbe o silêncio do coração.

O silêncio é dínamo de força e de juventude naquele que o preserva no comportamento.

Há vibrações de harmonia em toda parte, aguardando que as atitudes de silêncio profundo facultem a sintonia com elas.

Permaneça em silêncio, por alguns momentos, todos os dias.

O silêncio o ajudará na aquisição da paz.

23

Herança

Amãe deixou em testamento uma carta ao filho, expressando todas as suas vontades.
Desse modo, escreveu:

Filho,
Deverei partir para o lugar de onde vim. Não trouxe ansiedades comigo, quando cheguei; não levo saudades, na certeza de que nenhuma sombra ou desejo me amarrasse ao lugar percorrido. Meditei e descobri o significado da vida, que incorporei à bagagem da evolução. Como não tive tempo nem interesse de reunir ou acumular coisas e posses escravizadoras, não relaciono nada porque nada tenho a deixar.
Se desejas receber algo de tua mãe, levanta os olhos para o firmamento, à noite, e recebe a minha herança, brilhando na luminosidade das estrelas, que te enriquecerá do que sou para nós dois.

Usa o teu tempo em interpretar os problemas do teu ser até fazer-te luz, tornando-te um Buda.

Esse é o caminho, e tal é a herança que te dou.

Não nasci, nem morrerei. Eu o sou.

Sempre viva, tua mãe, que é a filha da vida.

Período das cerejeiras em flor.

24

Qual uma velha canção

Aprenda a ser suave
Como o vento do amanhecer
Cicia os ouvidos das árvores.
A musicalidade da sua existência
Passeia pelo bosque
Como um raio de sol da madrugada
Sem ferir com a sua luz.
Deixe-se repousar momentaneamente
Na corola de uma flor
Ou na delicada folha
De uma violeta miúda.

Amigo da vida!
Desfie as expressões da sua realidade,
Como a música terna do dia
No farfalhar das folhas,
No marulhar das ondas

Ou no ciciar do vento.
Que o dia lhe seja leve
Como leve lhe seja
A madrugada de todos os dias.

Que nenhum peso arrebente
A ossatura dos seus ombros,
Mas que não haja ombros
Que ponham peso demasiado sobre os seus.
Que no périplo da sua vida
Haja sempre uma claridade,
E na sua noite descubra
A presença das estrelas.

Companheiro, que a terra
Lhe seja leve sobre o corpo
Quando repousar nela,
E que ela lhe seja macia
Quando sob ela estiver deitado;
Tão macia que possa mover-se
Ao compasso ritmado do seu coração.

Eu desejo
Que a sua noite mais escura
Tenha sempre a presença suave
De uma lua de prata,
E que o seu deserto mais árido
Reverdeça, pelo menos na madrugada,
Ao beijo tranquilo do frio.
Meu irmão,
Eu lhe quero pedir

Paz íntima

Que passe pela Terra
Como um perfume doce,
E que a solidão, quando imensa,
Não lhe assole os sentimentos,
Sabendo que ao seu lado
Eu estarei murmurando
Esta velha canção
Que diz suavemente e muito baixinho:
Viva, ame e seja tão feliz
Que, ao morrer, a Terra
Lhe será leve e agradável,
Para todo o sempre.

25

A ÚLTIMA HORA

Havia uma grande expectativa nos corações, naquele momento. Os mais sensíveis choravam, demonstrando saudade antecipada e insegurança aflitiva.
Outros permaneciam ricos de gratidão, tocados pela ternura, e grande número aguardava as últimas instruções, no instante que antecedia a despedida.
Subitamente, Ele apareceu no topo da colina, e o Seu vulto aureolou-se de Sol poente.
Majestoso, provocou imediato silêncio na multidão.
Distendendo as mãos e descerrando os lábios, Ele falou:
— *Estaremos sempre ligados pelos fios sublimes do amor e caminharemos juntos pelas longas vias do serviço ao próximo em todas as épocas.*
Nunca haverá, em nós, solidão.
Quando a aflição advier, orai, e eu vos escutarei, respondendo vossas súplicas através da inspiração.

Nunca desanimeis, portanto, e crede sem desfalecimento, seja qual for a circunstância e o testemunho.

Uma mulher aflita, porém, ante o silêncio que se deu, apresentou-Lhe o filho enfermo e perguntou:

— *Ele padece doenças e nada posso fazer. Qual o recurso a aplicar?*

— *Abençoai a água pura e dai-lhe a sorvê-la.*

Um homem triste, tocado pela esperança, indagou-Lhe:

— *Minha esposa foi tomada pelas forças do mal, e ninguém a pode ajudar. A quem recorrer?*

— *Tocai-lhe a fronte com a mão, e pedi ao Pai para que a vossa energia lhe restaure a paz.*

...E disse a outro:

— *Perdoai a ofensa.*

E a outro mais:

— *Orai, pensando no adversário.*

A todos Ele informou:

— *Sois deuses e podeis tudo fazer, se quiserdes amar e dar-vos à Vida, como eu me tenho oferecido a vós.*

Assim, nunca nos separaremos.

Quando o Seu vulto foi envolvido pela noite e Ele se coroou de estrelas, a multidão sensibilizada retornou aos lares, e até hoje permanecem as instruções daquela última hora para todas as horas da Humanidade.

Anotação

Anotação

Anotação